Sorgens stille rum

En terapeutisk digtsamling
af
Maria Persson Asmark

Forfatter

Maria Persson Asmark er selvstændig erhvervsdrivende med virksomheden Nuets Kompas, som hun stiftede i år 2019. Hun udbyder yoga undervisning, mindfulness, healingsmassage, sorgterapi, kvindecirkler, cacao ceremonier mm.

INDHOLD

INDLEDNING

Hvor går vi hen med vores smerte, når de, som plejede at trøste os, ikke længere er her? Hvordan bliver vi nogensinde hel igen? Hvor går vi hen, når vi går over på den anden side?
Det var en række spørgsmål, som rejste sig inden i mig, i tiden efter min mors død.

En tomhed, en længsel og en søgen, der førte til mange lange gåture i naturen, ture i skoven og langs vandet. Mange søvnløse nætter, som tilskuer til nattens magi under den stjerneklare himmel. Mange stunder med fordybelse i kroppen og et bevidst nærvær indadtil, hvor det at lytte fik en ny dimension inde i mig. Jeg lyttede i timevis til lyden af mit åndedræt, min hjerterytme, tankestrømme og mærkede følelsernes flow.

Sorgens stille rum er en digtsamling, som består af 30 digte, som er skrevet i løbet af de første par år efter min mors afsked med verden.
Mit håb er, at du kan spejle dig i denne sorg, samt give dig muligheden for at få kontakt til den kærlighed, der ligger gemt i sorgen. Jeg håber endvidere, at kunne inspirere dig til at reflektere over meningen med livet og døden, og på den måde åbne op for healing i din sorgproces.

Sorgens årstider

I løbet af min sorgproces blev jeg bevidst om, at min sorg ikke var lineær, men at den snarere løb i en cyklus. Sorgen har faser, som løber i en cyklus som årstiderne. Sorgen transformeres med tiden, men faserne vil altid være de samme.

Sorgens efterår er som at stå midt i orkanens øje, hvor man kan opleve at stormen blæser alt omkuld og river bladene af træets krone, så nye blade kan komme til. Efteråret minder os om, at noget må forgå for at nyt kan opstå. Sorgens efterår er derfor en tid, som kan være svær at acceptere, og hvor livet føles urimeligt og meningsløst.

I sorgens vinter, er der mørkt og koldt og smerten kalder på tårerne. Men her går healingen i gang. I sorgens vinter gives der slip, og i det slip opstår der en særlig stilhed. Det kan føles tomt, men på samme tid forløsende.

Når foråret så kommer, bringer det håb med sig, og man forstår at livet går videre. Man reflekterer mere positivt, og man lander et sted i sorgen, hvor man accepterer livets vilkår.
Sommeren kommer med en livslyst og optimisme. Her er der plads til både at længes, men også til at mindes med glæde over alt det sjove og gode, som vi nåede at få sammen.
Når efteråret kommer igen, mærkes smerten ved tabet dybt og inderligt igen.
Samme fase men et lag dybere.

På baggrund af denne observation, har jeg valgt at inddele digtene i årstider, for at skabe et realistisk forløb af følelser og bevidsthed hos læseren.

EFTERÅRET

I det frieste fald

Hvor går jeg hen med min smerte,
når den, som plejede at trøste mig,
ikke længere er her?
Hvem viser mig vejen ud af mørket?
Hvem griber mig i det frieste fald?
Jeg giver slip og lader mig falde,
som den dråbe, der falder tungt
fra himlen mod afgrunden.
Jeg giver slip på alt hvad jeg ved.
Jeg giver slip på kontrollen.
Jeg giver slip på mit ego.
Og lige dér,
i det frieste fald
bliver jeg grebet af en engel.

Afsked

Sorg er kærlighed, det ved min sjæl.
Men mit sind skriger i uretfærdighed.
Når man mister, er der noget som dør.
Facader vælter og smelter
og du kan ikke længere være den du var.
Som om kærligheden forsvandt
med din afsked med verden.
Forsvundet for evigt,
og jeg for evigt her uden kærlighed.
Og lige dér i sorgens stille rum,
mærker jeg din kærlighed i mig.

Havets spejl

Havet er som et spejl
af livet inde i mig,
altid i bevægelse.
En følelse,
der bliver erstattet af en ny følelse,
som havet der kontinuerligt ændrer sig.
Når havet er stille,
mærker jeg stilheden inden i mig.
Når havet er i oprør,
mærker jeg vildskaben.
Vreden der buldrer, som bølgerne,
der kaster sig ind på land
og trækker alt med sig ned i dybet.
Ned på bunden, hvor der er stille.
Lige dér i dybet
forsvinder følelsen af forladthed.

De visne blade

Borte er du,
som det visne blad,
der har forladt sin stamme.
Jeg samler de visne blade i bunker.
Hænger dem forgæves på træet.
I orkanens øje
kæmper jeg en kamp,
for at holde fast i bladene på træerne.
Men naturens kræfter er større end mig.
Tvinger mig til at give slip på dig.

Jordskælv

Min krop skælver
som det jordskælv,
der splitter alt til atomer.
Som den torden,
der brager igennem muren af stilhed.
Jeg hamrer mine næver
ind i muren af beton.
River ligegyldige materialer til jorden.
Alt falder til jorden.
Magtesløs og forladt.

At vide at jeg ikke ved

Jeg tror jeg kender sandheden,
men jeg ved ingenting.
Og så snart jeg tror jeg ved noget,
så kommer livet bag på mig,
som det jordskælv ingen så komme.
Frygten for ikke at vide.
Frygten for at miste.
Miste mig selv,
mine nærmeste,
friheden,
bevidstheden,
livet.
Og hvordan lever jeg med,
at jeg ingenting ved.

VINTEREN

Et åbent hjerte

Et knust hjerte.
Et åbent hjerte.
I et åndedrag bliver der luft.
Luft til at turde mærke smerten,
der længe har presset sig på.
Langsomt forvandles smerten.
Mine øjne bliver våde.
Tårerne falder,
som regnen på ruden.
Hvor betryggende,
at naturen også har behov for at græde.
Jeg er ikke alene.
Jeg mærker forløsning i krop og sind,
og lukker vinteren ind.

Hvile

Jeg har brug for hvile,
som det blad der slipper og lader sig falde.
Jeg falder sammen,
ind i stilheden.
ind i ingenting.
Nulstiller.
Min sjæl har brug for at vandre.
Vandre gennem landskaber af ukendte
dimensioner.
Min sjæl længes efter ro
og fordybe sig i stilheden af ingenting,
og heri finde vejen hjem.

Stjernemor

Til dig,
som nu kredser om stjernerne i det blå.
Til dig,
som var vores stjerne, siden vi var små.
En tåre triller på min kind.
Den viser vejen ind.
Ind i sorgens kerne,
hvor jeg mærker smerte.
Smerten fra et savn.
Lukker øjnene og falder i din favn.
Du stryger blidt min kind
og puster en lethed ind i mit sind.
Minder mig om, at livet er helligt.
At sjælens rejse ej er tilfældig.
Dit lys skinner på min vej.
Jeg er forbundet med dig.

Sorgens vinter

Sorgens stille rum.
Så stille
som den koldeste vinter i 100 år.
Så tung som sneen,
der hviler i metertykke lag over jordens flade.
Stille som frosten,
der sætter alt liv på pause.
Ingen bevægelse.
Ingen ord.
Ingen tanker.
Ingen følelser.
Kun et liv på pause.

Dit hjerte gik i stå

Dit hjerte gik i stå.
Det samme gjorde mit.
Dit liv gik i stå.
Det samme gjorde mit,
Mens verden fortsatte derude.

De visne blomster

Verden går videre derude,
og de blomster jeg modtog med posten
er så småt ved at visne.
Livet går videre,
bare ikke mit.
Vissen og forladt står jeg her,
ene tilbage med min sorg.
Runger som det dybeste Echo i den stilhed,
som de visne blomster bar med sig.
Ikke flere opkald.
Ikke mere gøren.
Bare mig og min sorg,
og den larmende stilhed.

Egodød

Med din afsked til verden,
døde mit ego.
Behovet for at få ret.
Ideen om rigtigt og forkert.
Behovet for at skulle være noget særligt.
Ideen om at det fysiske er alt
Det døde lige dér sammen med din materie.

Hvis alt er energi

I sorgens stille rum
sidder jeg og stirrer på planten fuld af liv,
helt stille, men fuld af liv.
Den gror som jeg.
Jeg stirrer på en stol.
Bryder den ned til atomer.
Hvis alt bare er energi,
hvem er vi så, og hvor er du nu?

Mødet med din sjæl

Sorgens stille rum.
Et rum med alt og intet på samme tid.
Fuldstændig tomt, ensomt, mørkt og koldt.
Fyldt med en larm af længsel,
som det barn der skriger
på den mor, der aldrig kommer.
Som fanget i en tåge
i ingenmandsland
uden for tid og rum,
leder jeg efter vejen tilbage til livet.
Jeg giver op for en stund.
Læner mig tungt ind i tågen,
og lader mig svæve med.
Lige dér, møder jeg din sjæl igen.

FORÅRET

Fra frygt til kærlighed

Midt i sorgens stille rum,
lyser to stier op.
To veje at gå.
Frygt eller kærlighed.
Hvad du ønsker skal du få.
En længsel fra mit indre søger lysets vej.
En vej med mere
lys,
kærlighed
og fred inden i mig.

Sårbar men stærk

Et tab der laver Echo langt ind i marven.
En sorg der suger i hver en levende celle.
Frygten og angsten for at være alene
ligger på lur.
Jeg er knust
men hel.
Tabet har åbnet mit hjerte.
Gjort mig sårbar
men stærk.
Stærk som det nøgne træ,
der ikke vælter i stormen.
Det træ der står helt
nøgent,
sårbart
og åbenhjertet,
men som stadig har rødderne dybt plantet.

Skovens dybe stille ro

I skovens dybe stille ro,
kvidrer fuglene
og skovbunden knirker
for hvert et skridt.
En duft af forbundethed
Gran, mos, træ og meget mere.
I skoven er der stille.
En særlig stilhed mellem lydene.
Træerne rodfæstede forstærker stilheden.
De står bare der og ER.
En betingelsesløs VÆREN.
Jeg spejler mig rodfæstet i livet.
Min egen væren.
Jeg mærker stilheden inden i mig.
Stilheden bag
tanker,
følelser,
og stemninger.

Kære krop

Kære krop,
du som bærer på alt hvad livet har budt mig.
Du er vis.
Kære krop,
du som tog imod da livet var voldsomt.
Du er mit skjold.
Kære krop,
jeg beundrer dig for hver en celle,
hvert et ar,
hver en hudfold.
Jeg elsker dig.
Kære krop,
du som trives i bevægelse og berøring.
Jeg lover at pleje dig.
Kære krop,
du som kender formlen for perfekt helbred,
jeg lover at give dig arbejdsro.

Stilhed

Åndedrættet er som et stille hav,
hvor båden duver let på havets overflade.
Stilheden er det rum, som gør os fri.
Fri for støjen fra verden,
fri fra fortiden,
fri for smerten.
I stilheden er der fred.
I stilheden opløses tid.
Stilheden rummer alt og støtter alt.
Stilheden griber alt.
Griber hver en lyd,
hver en tanke,
hver en følelse,
der måtte rejse sig.
Stilheden er som et rum,
hvor alt er velkommen,
hvor alt kan rejse sig og falde,
helt trygt.

Sorg er kærlighed

Sorgen må gerne være der.
Jeg giver den plads og observerer den,
i mit hjertes tunge rytme,
i knuden i min mave.
Jeg giver den plads og observerer den.
Uden fordomme.
Og lige dér mærker jeg,
at sorg er kærlighed.

Tonerne i det knuste hjerte

Når kærligheden finder vej
gennem kulden i det knuste hjerte,
vil jeg for altid vide, at alt er godt
selvom intet varer evigt.
Sorgens smerte har givet mig indsigt,
som jeg ikke anede eksisterede.
Et nyt perspektiv på liv og død
har sunget sig dybt ind i mit hjerte
og givet det flere toner.

SOMMEREN

Når jeg er stille husker jeg

Hver en celle i mig husker din nærhed.
Når alt i mig er stille,
så husker jeg.
Jeg husker dig.
Dit aftryk.
Et aftryk af kærlighed.
I hver en celle.
Lige her i stilheden,
mærker jeg
dig i mig.

Forbundet for evigt

Mindet om dig er forbundet
med en fysisk smerte
i mit hjerte.
Men bag smerten
flyder den reneste kærlighed.
Jeg mærker det,
når jeg drister mig til at mærke smerten.
Lige her mærker jeg din energi.
En energi af kærlighed.
Mere nær end nogensinde før.
Forsvundet fysisk.
Forbundet for evigt og altid i energi.

Sansernes retning

At miste vækker bevidstheden om,
at jeg er her på lånt tid.
I den bevidsthed vækkes både
frygt og kærlighed.
Frygten for at miste.
Frygten for at efterlade mine børn
her i livet uden mig.
Men kærligheden vækkes
gennem mine sanser.
Jeg sanser alting kraftigere.
Jeg smager,
lytter,
ser,
dufter
og mærker
mere end nogensinde før.
Mit liv føles rigt i lyden af:
"Mor jeg elsker dig for evigt".

Et aftryk af kærlighed

Klangen i din stemme hænger ved,
som den sang jeg aldrig glemmer.
En klang af kærlighed.
Blikket i dit øje hænger ved,
som det billede jeg aldrig glemmer.
Et billede af kærlighed.
Dine ord hænger ved,
som den visdom jeg aldrig glemmer.
Ord af kærlighed.
Din berøring hænger ved,
som det aftryk min krop aldrig glemmer.
Et aftryk af kærlighed.

Nattens magi

Jeg vågner i natten
til et stjerneskud
og en hvisken i mit øre om,
at alt er godt.
Du stryger mig blidt over min kind.
Du er nær og dog fjern.
Dit lys bærer mig midt i nattens mørke.
Jeg er tryg her hos dig.

Båret

Jeg er i live.
Jeg har tillid til at jeg er båret.
Båret af noget, større end mig.
Jeg er båret.
Jeg er tryg.
Jeg har tillid til universet.
Tillid til at være her i verden,
med alt hvad jeg er og rummer.
For jeg ved
at jeg er båret
af noget større end mig.

Sorgen har forandret mig

At stå ansigt til ansigt med døden har forandret mig.
Det har forandret min krop, min hud, min stemme.
Sorgen har forandret mit syn.
Jeg ser anderledes på verden.
Jeg kan ikke længere gøre det, jeg plejer.
Noget har forandret sig dybt inde i mig.
Men jeg mærker jeg er på rette vej.
Lag bliver pillet af mig,
som sommerfuglelarven, der træder ud af sin puppe.
Mere og mere hjem føles der inde i mig.
Kærligheden har fået en ny dimension,
som runger af en dyb taknemmelighed over livet
og lysten til det at leve det i sin helhed.

Livets grundvilkår

Et liv begynder.
Et liv forgår.
Et grundvilkår,
som vi kun gennem livet forstår.

TAK

Et dybtfølt og rungende tak til min familie, som har været en kæmpe støtte i min sorgproces.
Tak for at give mig plads til at bearbejde sorgen. Tak for at interessere jer for mit velbefindende og for at spørge ind.
Tak til Mathias min bror, for at være en kæmpe støtte i min sorgproces. Tak for at åbne op, være sårbar og dele ud af dine refleksioner om sorgen. Tak for også at være åben lyttende og tage imod mine følelser og refleksioner.
Et kæmpe tak til mine venner, for at være en solid støtte i en svær tid. Tak for jeres hjertevarme beskeder, opkald, gaver, nærvær og kram.
Et særligt tak til min mand Nick, som har givet mig plads og rum til at bearbejde sorgen på min måde. Tak for at tage dig af Sølve i en tid, hvor jeg ikke magtede at tage mig af andre end mig selv. Tak for stå sammen med mig i det mest smertefulde, at turde gå ind i sorgens rum og mærke alt det man kan have lyst til at løbe fra. Tak for at lytte og bare være til stede.

Forlag: BoD – Books on Demand, Hellerup, Danmark
Tryk: BoD – Books on Demand, Norderstedt, Tyskland
ISBN: 9788743057819